Lettere Inedite Di Carlo Linneo A Giovanni Antonio Scopoli

Carl Von Linne

In the interest of creating a more extensive selection of rare historical book reprints, we have chosen to reproduce this title even though it may possibly have occasional imperfections such as missing and blurred pages, missing text, poor pictures, markings, dark backgrounds and other reproduction issues beyond our control. Because this work is culturally important, we have made it available as a part of our commitment to protecting, preserving and promoting the world's literature. Thank you for your understanding.

LETTERE INEDITE

DI

CARLO LINNEO

A

GIOVANNI ANTONIO SCOPOLI

XV.ª Pubblicazione fatta per cura del Museo Civico di Rovereto.

ROVERETO
TIPOGRAFIA ROVERETANA (DITTA V. SOTTOCHIESA)
1889.

Per la gentilezza squisita del Signor Giorgio Iacob e della sua Signora moglie Maria, nata de Scopoli, abbiamo potuto consultare un volume di lettere autografe inedite, scritte da varie illustri personalità al nostro grande compatriota Giovanni Antonio Scopoli [1]. *Fra queste attirarono maggiormente la nostra attenzione alcune di Carlo Linneo, e son queste appunto quelle che oggi abbiamo il piacere di poter pubblicare.*

Questi scritti dimostrano quale stima nutrisse l'immortale Svedese per il nostro naturalista, diremo anzi di più quale affetto benchè lontano tanto, benchè i due valenti uomini non si fossero visti mai. Vi si capisce chiaramente per entro che la comunanza dei pensieri, l'alta ed eguale meta alla quale tendevano aveva strette insieme le loro nobili anime.

Senza aspettar tempo, facemmo le dovute pratiche presso i diretti discendenti dello Scopoli, proprietarj della sopranominata raccolta di lettere, allo scopo di poter avere la permissione di pubblicare alcuni di quei manoscritti.

Ottenuta dalla nobile famiglia degli Scopoli codesta permissione offrimmo tantosto queste lettere al nostro civico Museo affinchè ne volesse assumere la stampa. A ciò ci spinse la fiducia che questa nostra Istituzione avrebbe accolta favorevolmente la nostra domanda, perchè fu pure il Museo civico che, or sono cinque anni, pubblicò a sue spese la traduzione della biografia di G. A. Scopoli scritta dall' illustre Professore Guglielmo Voss di Lubiana [2] *e più tardi poi, nel 1887,*

---

[1] Il volume del quale qui si fa parola trovasi custodito religiosamente presso l'egregia famiglia degli Scopoli di Verona, discendente diretta da Giovanni Antonio.

[2] Vedi: Della vita e degli scritti di Giovanni Antonio Scopoli «Cenni di Guglielmo Voss i. r. professore in Lubiana» versione dal tedesco di Carlo Delaiti i. r. professore ginnasiale in Rovereto. Pubblicazione fatta per cura del Civico Museo di Rovereto.

Rovereto — Tip. Roveretana Edit. (Ditta V. Sottochiesa) 1884.

con suo scritto al lodevole Municipio di Cavalese (Atti del Museo N. 127. 30 giugno 1887), ove lo Scopoli ebbe i natali, ne iniziò l'erezione di un monumento [1]).

E il Museo civico che tanto aveva fatto per rinfrescare fra i nostri concittadini la memoria dello Scopoli, volle corrispondere al nostro desiderio.

Sieno rese quindi da noi le debite grazie e alla nobile famiglia degli Scopoli che ci permise di pubblicare questi scritti e al nostro Museo civico che ne assunse la stampa.

E noi, mentre offriamo ai dotti la lettura di questi autografi venerandi, facciamo solo voti che essi servano a gloria maggiore dell'insigne naturalista al quale furono diretti [2]).

Rovereto nel giugno 1889.

Prof. **Giovanni de Cobelli**
Prof. **Carlo Delaiti**.

---

[1]) Monumento scoperto in Cavalese il giorno 8 settembre 1888. Vedi: La solenne commemorazione di Giovanni Antonio Scopoli celebrata nel primo centenario della sua morte in Cavalese gli 8 settembre 1888. Trento. Stab. lit. tip. Scotoni e Vitti Ed. 1888.

[2]) Speriamo di potere fra breve pubblicare diversi altri autografi contenuti nel volume dal quale abbiamo tolto i presenti, avendone già ottenuta la permissione della nobile famiglia Scopoli.

Viro Experientissimo Celeberrimoque
DD. JOH. SCOPULI
Botanico Clarissimo
       s. pl. d.
       Car. Linnæus
        Equ.

Datas a Te, Vir Clarissime, literas d. 1 Septembris, heri primum accepi; nec capio ubinam tam diu hæserint; in his mihi gratiosissime offers ipse Tuam Floram Carniolam, quam diu avidissime quaesivi, nec ullo pretio potui a Bibliopolis obtinere. Videtur mihi ex litteris Te simul misisse librum, at certe nullus cum epistola accessit, sed procul dubio Viennæ perstitit. Quam necessarius mihi sit Tuus liber, antequam edam proxime tomum 2^{dum} Systematis, vix effari possum, cum ex eo procul dubio plura addiscam, cum vobis sint plantae rarissimæ Europæ, a tam paucis lectæ Botanicis. Inquietus nunc hæreo, nec scio quo me vertam, ut librum acquiram.

Quod vero doleas illapsos errores minoris momenti, hi non me moveant; ego eligo non errores typographicos, mihi maxime familiares, sed rariores observationes et rariores plantas; relinquens priores idiotis, qui nesciunt extimare pulchram plantam, quamvis foliolum esset Larva quadam erosum.

Insecta sunt meæ deliciæ; si quæ mittere velles et in iis nova reperiam, ista numquam nominabo sine honorifica Tui mentione.

Si rescribere non displiceat, quæso literas sub involucro (couvert) *Societati Regiæ Scientiarum Upsaliæ* inscribantur, cujus literas ego aperio et eas certissime habebo.

Vandelius nuper detexit *Ulvam labyrintiformem* in thermis patavinis.

Hisce vale. Upsaliæ 1761 d. 15 januarii.

a Monsieur
Mons.r Jean Scopuli,
Docteur en Medecine et
Botaniste tres celebre
   Vienne
   Laybach
   Idria

Viro Clarissimo

DD. JO. SCOPULI

Botanico eximio

s. pl. d.
Car. Linnæus
Equ. aur.

Tuas V. C. die 30 junii datas accepi, in quibus Te ad me misisse *Floram Carniolicam* una cum 90 circiter rariorum stirpium speciminibus refers. Utinam tam desideratum et eximium donum in meas manus perveniret, sed ego nescio qua via, et quomodo ad me perducatur! Tuo libro certe carere nequeo.

Rhamnus saxifragus annon varietas illa Rhamni cathartici quæ *Graine d'Avignon* ferant?

Cerambyx 1 curculionoides mihi dicitur *Cerambyx apterus*, quem ex Hispania et Gallia habui, apud nos non visus.

Cimex 4 ovatus niger est mihi *Cimex lineatus* Syst. nat 442. n. 5. Reliqua insecta ex brevi charactere non facile emo, nisi velles, quæ habes in duplo, ad me mittere in scatula, cujus fundus ex cera vel subere esset obductus, quemadmodum per tabellarium multa habui, ex Italia, Hispania, Gallia, Germania.

Cancri tua figura pulcherrima erat *Cancri* 54 *Mantis* in Syst. nat.

His vale. Upsaliæ d. 15 Augusti 1761.

Si rescribas sit *couvert Societati Regiæ Scientiarum Upsaliæ* cujus omnes literas aperio.

Viro Clarissimo
DD. Joan. Scopuli
Botanico eximio
Idria.

Viro Clarissimo Experientissimoque
DD. JO. SCOPOLI
Physico Idrensi

s. pl. d.
Car. Linnæus
Eques.

Quem ad me miseras librum, Vir Clasissime, nondum accepi; at vero accessit hisce diebus e Germania Medicinæ studiosus, qui Tuam secum duxerat Floram Carniolam, a quo eamden prætio et precibus redemi, et avidissime attentissimeque perlegi; et fateor Liber multa sapientia pulcherrimisque observationibus conscriptus, et stupenda industria et labore collectus, de quo Tibi merito ex corde gratulari debeo, quum nominis Tui immortalem famam pandat.

Video ubique in eo, quam benigne et mite de me, prorsus non meritum, judicare voluisti.

Utinam in me aliquid hisce dignum! sed hoc omne tribuo miti et benevolæ Tuæ animæ. Studebo pro viribus, ne in prorsus ingratum tot contulisti encomia.

Video ex Classe Tua XXVIII quomodo tentasti nectariis genera Nasturtiorum distinguere; idem et ego quondam tentavi, sed cum Dentariæ, Cardamines genera lacerarem, quæ quivis vel e sola facie cohærentia observat, ab eo destiti. Pulchrum tamen est videre ex inde effectum, et qualia quævis gerat nectaria.

Vide pro altera editione num ne e classe XXXI posses revellere Veratrum, Alismam, Butomum, Sagittariam, quæ vel solis cotyledonibus alienam prosapiam indicant; anne etiam e classe XXXIII Fraxinus et Staphylæa possent exire?

Sesleria tua num sit meus Cynosurus coeruleus me doceas; fateor quod posset a Cynosuris separari, sed quo referrem hæsitavi.

268 Atropam 2 tuam lubentissime omnium viderem; est enim species mihi admodum paradoxa et singularis; si habeas semina vel etiam specimen siccum, quæso mittas in literis.

Itidem mihi enixe exorarem specimina sicca sequentia:

344 Galium 11, quod Valantias meas intraret.

555 Isopyrum, cujus villosum tantum specimen habeo.

571 Geum 2, quod ex descriptione non sufficienter capio.

366 Gnaphalium 1, quod egregie profecto illustrasti; possideo equidem specimen, sed flores feminei in eo nondum fuere explicati.

564 Ranunculus 4, ut videam nun me species, a qua videtur diferre.

564 Ranunculus 5, quem vivum aut siccum nunquam obtinui.

Ne ægre feras, Vir optime, quod audeam temerarius tam multa a Te mihi exorare, affinitatis vinculum quod   *)   filiis intercedit, solet interdum admittere ea, quæ peregrinis alio quin non concederetur.

Si umquam contingeret commode et absque labore tegere semina ex una alterave e sequentibus Tuis plantis, quæso aliquot horum ad me mittas in literis, ut liceat coram intueri Tuos thesauros et iisdem toties accendere gratum meum in Te animum.

235 Erythronium	303 Bonarota NB.
241 Scilla biflora	344 Galium 11.
291 Soldanella alpina	369 Cacalia
369 Petasites 2 alpina	435....345 Euphorbia 12 cy-
266 Tamus	parissias
569 Clematis 2, 3.	450 Teucrium 4, 5
500 Cherleria	459 Melittis
558 Isopyrum	497 Alsine 3 Moehringia
578 Agrimonia 2	414 Ostrya
552 Spiræa 1 Aruncus	366 Gnaphalium 1.
Polygala 2	351 Scabiosa 2.
184 Alopecurus 2	323 Rhus Cotinus

Quæso, Amicissime, in altera editione excludas verba quæ habentur 426; *certe ab ætate et cultura sexum mutari posse,* nisi ipse hoc videas propriis oculis; vel doceas me unicum hujus verum exemplum, simile certe ego numquam obtinere potui.

365 posses excludere illa quibus negas carbones sub radice Artemisiæ, cum nihil ad rem faciat; sunt ibi semper præsentes, sed radices antiquæ emortuæ carbonibus similes.

Si rescribas fiat hoc sub couvert, ad Societatem Regiam Scientiarum. Upsaliæ 1761 d. 28. Decembr.

Viro Clarissimo Experientissimoque
DD. Joh. Scopoli
    Physico Idriensi
        p. Wien
           Crain

*) Sembra dica *flaci.* (?)

Viro Amplissimo
DD. JO. SCOPOLI

S. pl. d.
Car. von Linné
Equ.

Epistolam Tuam V. A. d. 7 aprilis datam rite accepi, erat hæc observationibus adeo dives, ut poterat ipsos flectere Deos. Hac occasione etiam vidi *Glirem* veterum, altis tenebris immersam, nunc extractam, pro qua valde sum in aere Tuo; perplacuit etiam pulcherrima avis europæa *Picus muralis* dicta.

Anas Tua *subterranea* valde accedit ad *Anaten* Tharitan (?) mihi dictam in nova editione Faunæ, quæ ante annum prodiit. Anne observasti aliquem gibbum ad basin rostri s. frontis?

Turdus secundus anne *Corvus* meus *infaustus?*

Reliquæ aves erant pulcherrime delineatæ.

Caprimulgum sugere ubera vaccarum veteres dixere; an hoc verisimile credas?

Torpedo an in mari adriatico gerat maculas 4 s. 5 nigras orbiculatas, nonne 5 spiracula habeat, nec 4 uti scripsisti.

Piscium historia etiamnum maxime laborat, egregium faceres munus, si tuos rite describeres.

Sepiæ notas pulcherrimas tradidisti.

Zithophilam tuam non credo me unquam vidisse, miror qualis planta.

Vereor quod numquam visurus sim ista cimelia quæ per *Gronovium* misisti.

Ageria mihi in tomo primo præterito anno edito *Pæderota* dicta fuit, cujus pulchram speciem habui e Cap. b. spei foliis pinnatifidis.

Chamæbuxus non debet a reliquis Polygalis separari, si modo assumatur fundamentum fructificationis, non tale, quale vulgo habetur, sed quale proposui in disertatione speciali. Genera non licet lacerare ob notam aliquam.

Vellem videres meam introductionem quam jam paravi ad *Regnum lapideum;* vellem de his lubenter Tecum confabulari.

Difficillime species limitibus circumscribuntur, ubi nil nisi varietates.

Cinnabaris ista nativa erit pulcherrimum, quæso frustulum pro me colligas, ut si umquam occasio, ad me deferatur.

Hisce diebus prodibit alter tomus *specierum*.

Sudat vero *sextus tomus amoenitatum*, in quo varia argumenta forte non indigna, in primis prolepsin plantarum nominare debeo.

Doleo quot tabellarius tantum tibi constiterit, utinam eum remunerare possem.

Pro omnibus aliis in Europa tuis lectoribus avide expecto Insecta Tua.

Utinam acciperem antequam versus autumnum inciperem novam systematis mei editionem.

Vale et vive felix.

Dabam Upsaliæ 1763 d. 17 Maji.

Viro Amplissimo
  DD. Jo. Scopoli
    Medico Experientisssimo
        Ydria
        in Crain

Viro Amplissimo
DD. JOHAN. SCOPOLI

s. pl. d.
Car. von Linné
Eques

Tandem tandemque ad me accessere Tua aurea dona, quæ tam diu apud D. Gronovium delituere.

Insecta pulchra erant; nonnulla ex hisce a vermibus consumta; quæ rite vidi erant sequentia·

Scarabæus consuntus (?)	Dermestes paniceus
fasciatus	Chrysomela moræi
horticola	Fungorum
Cerambyx Textor	Cimex baccarum
— varietas macul.	prasinus
Leptura 4 maculata	nannus

Leptura 4 fasciata	larva
sanguinea	bicolor
Cerambyx	marginatus
Leptura melanura	larva
	novus
Cantharis fusca	larva *)
Dermestes	lævigatus
Cantharis obscura	
melanura	larva
Crysomela ceramboides	Phalæna Quercus
pubescens	
sulphurea	
Scarabæus fossor	Ichneumon
Curculio	Cicada sanguinolenta
novus	
ligustici	Papilio Podalirius
Buprestis rustica?	Phalæna pratella
nitidula	atomaria
Chrysomela rufipes	Papilio Hermione
	Sphinx Phegea
moræi	Phalæna chenopodiata
nova NB.	luctaria
	versicolor
decempunctata	bilineata
Asparagi	Hemerobius chrysopus
Dermestes Pisorum	Asilus germanus
Chrysomela 4 punctata	ater
nova	Musca scolopacea
Populi	Tabanus rusticus
	Musca
nova	Oniscus Armadillo

De plantis multa essent dicenda; dimidiam partem enumerabo; reliquas proxime tangam

99 Senecio nemorensis	18 Andryala integrifolia
97 Tussilago hybrida	10 Phalaris oryzoides
96 Solidago virgaurea	7 Briza eragrostis
104 Filago montana	1 Aira montana

*) Illegibile.

103 Gnaphalium luteoalbum
107 Atriplex sativa
87 Trifolium alpestre
81 Antirrhinum genistifolium
89 Crepis tectorum
51 Heracleum Spondylium
50   varietas
52 Bupleurum odontites
48 Salsola Kali
28 Festuca ovina & rubra
30 —   rubra
35 Asperula tinctoria
36 Patamogeton pusillum
34 Galium uliginosum
31 Alopecurus geniculatus
 6 Avena campestris
 2 Poa alpina
11 — bulbosa?
 9 — trivialis
 8 — pratensis
14 — angustifolia
94 Inula ensifolia
102 Filago germanica
58 Seseli Hippomarathrum
38 Phyteuma hæmisphærica
39   — orbicularis
45 Rhamnus catharticus minor
46 Thesium linophyllum
20 Senecio erucifolius
23 Sonchus maritimus?

67 Gentiana asclepiadea
66 —   punctata
68 Quercus Esculus
63 Statice cordata
64 — reticulata
90 Crepis dioscoridis
83 Lathyrus cicera
112 Gypsophila repens
111 Saponaria ocymoides
106 Salix retusa

49 Polycnemum arvense
15 Atragene alpina
75 Spergula arvensis
70 Erica cinerea
78 Rosa alpina
73 Silene pendula
114 Saxifraga hypnoides
69 Loranthus europæus
57 Seseli pumilum
59 Pimpinella glauca
55 Chærophyllum odoratum
53 Sium augustifolium
43 Campanula alpina
109 Melica minuta NB.
     mihi nova, et valde singularis
109 Kiggelaria africana *fem.*

Varias accepi absque numeris literis et libro inclusas

Agrostis 3
Pæderota Bonarota
Avena polygama
Carex spathacea
   „ capitata
Valeriana ajugoides
Carex acuta
*) Illegibile.

*)   paradoxum
recte novi et distincti generis
Andropogon Gryllus
Carex capillaris
Carex baldensis
Valeriana elongata

Præ omnibus tamen perplacuit Hyoscyamus tuus; qui Atropam Belladonnam adeo exàcte referebat, ut vix distinxissem nisi missises capsulam. Semina terræ mandavi, sed videbantur senio exsicca; oro mittas hoc autumno in literis alia recentiora. Videtur hæc planta et Botanicis et naturæ nova. Quæso ne obliviscaris generose mittere semina hujus, si possideas.

Podæ Fauna insectorum valde placebat; *) prima quæ ab aliis facta.

p. 49 apud nos et Grylli domesticæ et Blattæ. *) eadem camera sæpe copiosa.

p. 66 Papilio Rhea est mihi Pap. Apollo

p. 62 Papilio Senon est P. Podalirius

p. 89 Phalæna quadripunctata mihi Phalæn. Hera, diversissima a Ph. plantaginis.

Hisce vale, plura proxime.

Dabam d. 20 Junii 1763.

A Monsieur
Mons.ʳ Jean Scopoli
    Docteur en Medecine
        Ydria.

Viro Experientissimo
DD.ᵐᵒ SCOPOLI

        S. pl. d.
        Car. von Linné

Cum hæream utrum acceperis meas ultimas nec non, iterum has mitto; partim ut Tuam colam amicitiam, partim ut Tuam excitem amicitiam.

Hoc anno bene multas novas plantas habui ab amicis, partim siccas, partim vivas. Cum navibus indicis reducibus accessere, quæ

*) Manca la carta.

tamdiu desideravi videre, Insecta capensia, sed nondum e navi trans lata sunt Upsaliam.

Accepi infarctum Phoenicopterum; an hæc avis apud vos? si hoc scribas aliquid de ejus moribus.

Prodit in Anglia novum opus de avibus pulcherrimis iconibus.

Audio Te magnum moliri opus et utilissimum, scilicet Faunam carniolicam et quidem insecta ultra 1000 pulcherrimis figuris. Desunt figuræ præstantes in insectis plerisque, vel etiam adeo dispersæ sunt in Roeselio aliisque, ut pauci possunt eas habere. Me judice Tuum opus foret utilissimum, et si essem dives forem primus, qui pecunias numerarem. Dum vero Tuæ tabulæ sunt æri incisæ, si velles in tenui papyro antequam singula tabula esset absoluta, mecum eam comunicare, more D. Jacquinii et aliorum, tum dicerem num ubique nomina attigeris, cum oculi plus vident oculo; esset tuum opus longe utilius; et si velles addere mea synonyma essent illa certiora iis, qui illa exoptarent.

Doleo quod Tua[1]) Hyoscyamus Atropæ facie non prodierit e seminibus. Non possum satis mirari hanc plantam; video Herbam Belladonnæ omnino; video Fructum Hyoscyami.

Hujus figuram quæso des in Flora carniolica nova; et si habeas quæso des iterum semina, an semina per annum jaceant in terra, antequam germinent.

His vale. Dabam Upsaliæ 1763 d. 29 Augusti.

10 Phalaris oryzoides	83 Lathyrus Cicera
7 Briza Eragrostis	112 Gypsophila repens
1 Aira montana	111 Saponaria ocymoides
Carex spathacea	113 Gypsophila saxifraga
Carex capillaris	106 Salix retusa
Carex baldensis	49 Polycnemum arvense
Valeriana elongata	15 Atragene alpina
Carex acuta	Pæderota Bonarota
67 Gentiana Asclepiadea	Andropogon Gryllus (A-
66 Gentiana punctata	vena polygama)
68 Quercus æsculus	75 Spergula arvensis
63 Statice cordata	70 Erica cinerea
64 Statice reticulata ?	78 Rosa alpina
90 Crepis Dioscoridis	72 Silene pendula

[1]) Nell' autografo fra la parola *Tua* e *Hyoscyamus* si legge la parola *Physalis*, che fu poi cancellata.

114 Saxifraga hypnoides
68 Loranthus europæus
57 Seseli pumilum
59 Seseli glaucum
55 Chærophyllum aromaticum
53 Sium augustifolium
    Milium paradoxum (Agrostis 3)
    Melica minuta
    *)
108 Kiggelaria africana femina
    Holcus halepensis
    Briza Eragrostis (Cyperi species minus nota)
    Gnaphalium sylvaticum? (Gn. ex alp. carniolis)
    Gnaphalium alpinum (Gnaph. aliud)
    Genista hispanica (5, potius 4 fl. carn.)
    Veronica fruticans (Ver. alp. a frutesc. diversa)
    Veronica alpina (var. mihi nigra)
98 Senecio Doronicum
16 Phylica?
22 Chrysanthem. Balsamita
100 Jacea hisp. pumila linariæfolio Tournf.
84 Vicia nissoliana
85 Ervum tetraspermum
41 Campanula sibirica
86 Astragalus austriacus
95 Inula hirta
62 Linum alpinum? Jacq.

71 Saxifraga adscendens
79 Cistus canus
1 Allium angulosum (All. 2. fl. carn.)
   Junci trifidi varietas (juncus uniflorus)
77 Euphorbia epithymoides
101 Centaurea centauroides
80 Betonica alopecuros
65 nequeo ex specimine dignoscere
19 Senecio specimen non sufficit.
   Serratula anticrephala mihi ignota
92 Carduus, nequeo ex specimine imperfecto
76 Cerastium vulgatum
74 Silene saxifraga? sed major.
75 Silene adhuc obscura, habeo antea.
99 Senecio nemorensis
97 Tussilago hybrida
96 Solidago virgaurea varietas
104 Filago montana
103 Gnaphal. luteo-album
107 Atriplex sativa
87 Trifolium alpestre
81 Antirrhin. genistifolium
89 Crepis tectorum
51 Heracleum Spondylium
50   varietas forte precedentis
52 Bupleurum odontites
48 Salsola Kali

*) Illeggibile per la legatura.

28 Festuca ovina et rubra
30 Festuca rubra
35 Asperula tinctoria
36 Potamogeton pusillum
34 Galium uliginosum
31 Alopecuirus geniculatus
 6 Avena pratensis
 2 Poa alpina
11 Poa bulbosa?
 9 Poa trivialis
14 Poa angustifolia
94 Inula ensifolia
102 Filago germanica
58 Seseli hippomarathrum
38 Phyteuma hæmisphærica
39 — orbicularis
45 Rhamnus catharticus varietas minor
46 Thesium linophyllum
20 Senecio erucifolius
23 Sonchus maritimus?
21 Senecio abrotanifolius?
  *)

      Viro Clarissimo
      DD. Johan. Scopoli
      Medico et Botanico celebri
          Ydriæ

*) Illegibile per la legatura.

Viro Amplissimo

DD. JO. ANT. SCOPOLI
Professori Chemnitzensi
ecc.

s. pl. d.
Car. von Linné

Post varia frustranea tentamina tandem accepi Tuam Entomologiam carneolicam, eamque ex Belgio, et quidem sumtibus 3 fere ducatorum aureorum pro solo Tabellario adducente; neque hoc doleo cum ex eo plus oblectamenti hausi quam ex 100 ducatis.

Obstupesco ad infinitum laborem in colligendo, describendo et disponendo, quem nullus alius intelligere umquam potest, nisi qui ipse manum labori admovit.

Quoties Tua evolvo tot occurrunt inter ea rariora, pulchra et nova, a me numquam visa, numquam videnda, ut satis deplorare nequeam tantum distare inter nos intervallum, ut nequeam Te adire, Tua coram intueri et ex iis ditescere. O Bone Deus! si Tu et Geoffroa et ego potuissemus cum nostris collectionibus per mensem convenire, quam facile, quam brevi tempore pleraque Europæa innotescerent; sed negant fata, reservant hæc forte futuro seculo. Infelicissimum quod et Tu et Ego remoti habitamus a mari, ut neuter queat sua mittere et communicare.

Utinam ederes brevi figuras Tuas insectorum dum adhuc viverem, utinam prodiissent jam jam antequam e novo edo systema meum, ut potuissem Tua ubique allegare; allegavi quot quot potui, tamquam auctoris classici.

Papiliones Tuos novos exhicavi plerosque

Dryas	Tuus est mihi	Phædra	
Fagi	—	Hermione	
Achine	—	Dejanira	descripti in Museo
Polymeda	—	Hyperanthus	Reginæ sub hoc
rivularis	—	Prorsa	titulo
Amyntas	—	Arcanius	
Menalcas	—	Pamphilus	

Hypermnestram nondum reperi inter mea.

In reliquis nondum multum profeci, ultra ea quæ ipse indigitasti, cum nuper aureum librum accepi, in Phalænis Geometris mihi res erit difficillima.

Accepi hisce diebus pulcherrima insecta ex insula S. Thomæ

& ex Media Africa. Promissa etiam sunt multa ex ins. Philippinis & ex Mexico, utinam accedant dum vixero.

Accepi et nuper integrum Herbarium e Japonia et Java lectum, omnibus speciminibus cum adiectis floribus et ultra 150 pulcherrimas plantarum species e cap. b. Spei, quorum flores nunc quotidie aperio et extrico.

Accepi dudum plura insecta ex Italia et Monspellio per tabellarium publicum inserta pyxidi seu scatulæ, cujus fundus fuit ex subere adglutinato; quæso, si faveas, mittas aliquot rariora eadem methodo, sed literis inscriptis *Societati Regiæ Scientiarum Upsaliæ*, tum gratis habebo, nec enormes sumtus tabellarii sentiam; ipse omnes prefatæ Societatis literas aperio.

His vale.   D. Upsaliæ 1765.
          d. 5 Januarii.

a Monsieur
Monsr Joh. Ant. Scopoli
  Le Professeur
    Chemnitz

Viro Amplissimo
DD. JO. ANT. SCOPOLI
Consiliario Imperiali

       s. pl. d.
       Car. a Linné
       Equ. aur.

A longo retro tempore Tuas, Vir Amplissime, nullas habui, quotidie autem Tecum confabulatus sum in Fauna Tua Carneolica; quam quotidie evolvi et diligenter allegavi in Systematis Naturæ editione 12ma, quæ nuper a prelo exiit, præcedenti editione fere duplo auctior. Quantum mecum plurimi Tuas expectarunt *icones insectorum* vix effari possum et etiamnum ea a Te iterum iterumve exoramus, ut brevi edas. Semper mihi in mente hæsit Tuum effatum de *Cimicibus lectulariis* alatis; quantum enim a priori judicare licet, admodum verosimile videtur, hós in calidis regionibus esse alatos, sed in frigidis absque alis prodire, quem admodum in plantis Ruellia clandestina Campanula perfoliata &c quæ florent absque corolla; si ulterius quidquam de Cimicibus alatis detexisti me verbo doceas.

Postquam alter tomus Systematis de plantis, qui jam sudat absolutus sit, tertium edam de *Lapidibus*; nunc audivi Tuum opus de *Mineralibus* sudare, adeoque eum *) quocumque demum pretio mihi exoptarem ut illud in meo diligenter allegarem, cum noverim Te in hisce sacris excellere. Fac si unquam poteris ut istud opus quamprimum exeat, in meas manus perveniat quocumque demum prætio.

Vale et vive diu felix.

Upsal. 1767 d. 3 Maji.

Viro Celeberrimo
DD. JO. Ant. Scopoli
Chemnitz

Viro Amplissimo
DD. JO. ANT. SCOPOLI
Professori Metallurg. & Chemiæ

s. pl. d.
Car. a Linné

Mensis est a quo Tuæ gratissimæ datæ 19 augusti mihi redditæ fuere in litteris DD. Schreberi.

Heri tandem a tabellario Tuas d. 14 Novembris et simul a nauta Holmensi Fasciculum Schreberi cum desideratissimo, imo anxie desiderato opere fossilium, pro quo Tibi grates quas possum refero devotissimas.

Expectabam, quamdiu potui, edere tertium Systematis Nat. tomum de fossilibus. Centies a D. Jacquino aliisque quæsivi de Tuo opere; debui urgente typographo edere meum libellum fere nolens volens, qui lubenter prius a Te erudiri optassem. Sic prodiit meus Libellus ante 2 menses cum dimidio.

*) dovrebbe dire *id*.

Certe, si tuum vidissem opus, numquam assumsissem Coboltum pro distincto genere Mineræ; de quo dixi: *mandatis chemicorum cogor genus Cobolti distinguere*.

Lætor quod neque Tu Niccolum pro distincta Minera assumsisti, neque ego.

Halitricdum Tuum mihi plane ignotum est, de quo numquam audivi antea, minus umquam vidi, quod valde doleo.

Molybdæmum ad Argillacea referre non ausus fui, cum hoc reperi in Terris ubi ne vestigium Argillæ per plurium dierum itinera.

Calcem ab Animalibus ortam, quod non credas, non miror; nec alii credidere. Forte si me explicare coram daretur, facile conveniremus.

Petrificata flocci facis et quidem merito, dum lapides considerantur pro scopo œconomico; si vero ratio habeatur fundamenti Terræ in genere consideratæ non omnino spernenda.

Avidissime Tua lego, quæ semper ditata sunt pulcherrimis et novis observationibus; utinam omnia hic prostarent apud bibliopolos.

Lumbrici intestinorum duplices sunt. Lumbricus terrestris, qui et annulo, ut in vulgari gaudet, sed niveus est; alter Ascaris lumbricoides, qui gaudet eadem magnitudine, sed utraque extremitate attenuatus et subulatus.

Expectamus omnes unanimi Floram Tuam secundam cum iconibus; prior perplacuit.

Vermem in stercore Gallinæ non observavi, nec alii; miror qualis sit.

Adansonii opus Botanicum fateor me non intelligere, quamvis aliorum satis capio.

Vale et me Tuis sinceris cultoribus annumera.

Dabam Upsaliæ 1768 d. 20 Decembris.

Viro Amplissimo
DD. JO. Ant. Scopoli
Professori Metallurgiæ & Chemiæ
Idriæ
in
Crain

Viro Nobilissimo Amplissimoque
D.^{no} JO. ANT. SCOPOLI
Consiliario Imperiali

        S. pl. d.
        Car. v. Linné

Per integrum mensem diro detentus fui morbo, nunc quasi ex orci faucibus ereptus incipio reconvalescere.

Sub statu morbi tandem ad me accessit, quod generosissime gratiosissime misisti per D. Ferberum, tabulæ scilicet Tuæ insectorum pulcherrimæ, quas die nocteque jam studeo et Systemati meo insero, nec dubito quin jam plerasque Tuas extricabo et cum meis sociabo.

Doleo quod tabula deficiat inter n. 219 et 265, doleo quod numeri non erant adpositi in ea tabula, quæ incipit a 643.

Tabula 513 erat etiam absque numeris, sed plerosque potui ipse adscribere.

Oro devotissime quod cum reliquæ prodeant quæ sequuntur numerum 815, me eis participem facias.

Papilio macaronius Scop. carn. 446 f. 448 mihi maximum scrupulum injicit an hic Papilio vel Lepidopterus figura maxime accedit ad meum Myrmeleonem barbarum Syst. nat. 914.

An credas Papilionis Argi 416 varietates tantum esse Arion, Argiolum, Fidias, Coridon, Alexin. Sine dubio habes de his observationes; novi quidem hos sed non eorum metamorphosin.

Phalæna Plantaginis est mea Ph. Hebe.

Phalæna 507 vero mea plantaginis.

Quando vires potui*) recuperare rus adibo et prædium, ubi conferam Tuos obscuriores cum mea collectione insectorum et Tuis tabulis.

Hac æstate accepi Tuos Annos, ubi plurima addidici, præsertim de Avibus, quæ me maximo gaudio et oblectamento affecere.

Utinam haberemus plures Scopolos et brevi Historia Animalium attingeret suum fastidium.

Nec poteris ipse credere quantum præstitisti tuis *tabulis* ad diagnosin insectorum; oro brevi absolvas quæ restant, ut alii mecum ex his proficiant.

Aegra manus non diutius sustinet.
Vive diu felix.
    Upsaliæ 1770 Octob. 30
 a Monsieur
Monsr JO. Ant. Scopoli
 Conseiller etc.
    Chemnitz
     in
    Ungern

*) dovrebbe dire *potuero*.

Viro Nobilissimo Amplissimoque
DD. JO. ANT. SCOPOLI
Consiliar. Imper.

S. pl. d.

Car. Linné

Anxius quotidie expecto Tuum opus Lipsia, cum observavi, Te esse acutissimum observatorem quod paucis concessum est. Oro des nobis notas essentiales et certissimas in *Cytisis, Inulis* et nonnullis aliis obscurioribus vestræ patriæ, ne hæsitent diutius in vulgatissimis plantis, cum ejusmodi notæ vix nisi e vivis plantis eruantur.

Incipiunt plurimi, uti ego in juventute tradere principia botanica, antequam artem didiscere; hinc fit quod ejusmodi Doctores confundunt et falsis principiis imbuunt Tyrones, dum docent antequam ipsi didicere; utinam hoc argumentum volverent plures in senium usque, tum felicior evaderet scientia; sic Ludwigius, Oederus, Gerard, Schæffer etc. dicunt quod quidquid valeat in una classe s. Genere, valebit et in altero; alii ita adærent methodo naturali, ut methodus evadit nulla. Alii ordines naturales fingunt, qui naturales non sunt, alii fallunt ubi ars classes effingat ex genere naturali, ut in umbellatis et 600 alia.

Scopolia Tua egregie crescit in meo horto, singularis admodum planta ramis tantum duo. Foliis caulinis alternis solitariis. Foliis vero rameis alternis geminatis. Est hæc Solanum somniferum bacciferum *Bauh jun. 166* satis bene delineata a Camer. epit. 816.

Tabulæ tuæ insectorum perplacent; si meæ apud Te valeant preces oro rogoque has brevi absolvas, cum orbis etiamnum destituitur ejusmodi compendiosis figuris pro curiosis; non enim est cujusvis emere pretiosissimas Shæfferi aliorumque figuras; Amicissime, oro mittas reliquas tabulas Tuas pro ut absolvantur, ut queam illa allegare in Systemate meo, sive prodeat me adhuc vivo, sive post mea fata.

Etiamnum oro des mihi numeros in charta istius tabulæ, ubi habes ultimas Phalænas cum Libellula 677, ne errorem committam in citationibus.

Mitto recentia semina Ellisiæ inclusa, quæ serantur sub dio, in loco minus ventis exposito; est planta annua quam forte non vidisti.

Upsaliæ 1771 d. 8 Martii.
 Viro Nobilissimo
 DD. J. A. Scopoli
  Consiliario Imperiali
    Schemnitz
     in Ungern

Viro Amplissimo
DD. J. ANT. SCOPOLI
>S. pl. d.
>Car. v. Linné

Diu nullas a Te V. A. literas habui, quod maxime dolui, cum noverim Te fidissimum Naturæ observatorem, meque multa a Te edoctum.

Perlegi enim Supplement. *Annos 1, 12*, 111 multo meo cum lucro; IV^{tam} partem vero nullibi obtinere potui.

Promisisti mihi dudum *Floram Carneolicam* alteram, quam nulli vidi; audivi quod eam gratiosissime misisti pro me ad D. Schreber sed eam, quod impense doleo, retinuit, cum eam tamen mittere potuisset per nundinas Lipsienses. In novellis multa relata legi de hoc Opere, quod sit Flora ditissima; quod habeat multas novas plantas etiam cum figuris; quod sit ditissima observationum. Adeoque eam sine summo damno carere nequeo.

Si hoc egregium opus missum ex Tua gratia fuit pro me ad D. Schreberum, quæso literis eum reprehendas, quod non miserit. Tali enim opere nullus carebit verus Botanicus.

Anne etiam plures *tabulæ* Tuæ *insectorum* prodierint? optarem etiam allegare Tua synonyma in meo Systemate, uti cum prius missis sedulo peregi, pro nova editione.

Accepi nuper John. *Millers Botanical Printz.*, nec vidi umquam figuras splendidiores.

His vale et memento me somniare de Tua Flora quavis nocte. Vive in totius Historiæ naturalis ornamentum.

>Upsaliæ 1773 d. 8 februarii.
>Viro Amplissimo
>>DD. J. Ant. Scopoli
>>>Consiliario et Medico Clarissimo
>>>>Schemnitz
>>>>>in Ungern

Viro Amplissimo

DD. JO. ANT. SCOPOLI

Consiliario Imperiali etc.

S. pl. d.

Carolus von Linné

Tandem accepi desideratissimum opus, Floram Tuam alteram Carniolicam, quam ægerrime expectavi postquam audieram Te eam misisse. Pro egregio opere multum me Tibi devinctum agnosco et grates quas possum reddo maximas.

Nullam intermisi horam eam perlegendo; perlegi raptim, sed perlegam sæpius, imprimis mihi relictus et prædio meo redditus ubi habeo collectanea mea Botanica.

Ingenue fateor me ab ea plura didicisse, plura adhuc procul dubio reperiam collatis cum libro meis plantis.

Quod meam adsumere voluisti in hoc opere methodum, multo mihi honori duco, et hoc unice debeo animæ Tuæ candidissimæ amicissimæ.

A nulla planta majori perfusus sum gaudio, quam ab *Astrantia Epipacti*, quam numquam vidi in ullo herbario. Si vero unquam hujus specimen reportes in duplo, oro quæsoque me altero beare non graveris.

Astrantia minor, tua Tab. 7 multum differt a meo specimine, ut nequeam eas conciliare.

Saxifraga autumnalis T. 14 videtur mea aizoides.

Andryala Chondrilloides forte mihi numquam visa.

Hippophae an germen inferum cum eam conjungis cum Elæagno et Osyride?

Anne posses et velles mittere frustulum *Sanguisorbæ auriculatæ* florum, ut viderem stamina.

Plura ruri redditus.

His vale et fave.

Upsaliæ 1773 Mart. 17.

An plures tabulæ Tuæ insectorum pulcherrimæ prodiere?

Viro Nobilissimo

DD. JO. Ant. Scopoli

S. Imp. M^{tis} Consiliarius, Mineral.

Professori etc.

Schemnitz

Hungariæ

Pubblicazioni del Civico Museo di Rovereto

1. Stato del Museo cittadino di Rovereto, aperto il giorno 18 novembre 1855. (Dalle Appendici del *Messaggiere Tirolese*). Rovereto dall' i. r. Tipografia Marchesani 1855.
2. Cenni biografici di Fortunato Zeni, fondatore del Museo, pel Dottore Ruggero de' Cobelli. (Con ritratto).
    Sulla tomba di Fortunato Zeni nel dì dei suoi funerali 20 febbraio 1879. Parole di Giovanni de' Cobelli Direttore del Museo. Rovereto. Tipografia Sottochiesa 1879.
3. La stazione litica del Colombo di Mori e l'età della pietra nel Trentino. Pel Dottore Paolo Orsi. (Pubbl. per cura del *Bullettino di Paletnologia italiana* e del civico Museo di Rovereto). Reggio d' Emilia. Tipo-Litografia degli Artigianelli 1883.
4. Gli Ortotteri genuini del Trentino. Notizie preliminari del Dottore Ruggero de' Cobelli. Rovereto Tipografia Roveretana 1883.
5. Della vita e degli scritti di Giovanni Antonio Scopoli. Cenni di Guglielmo Voss i. r. Prof. in Lubiana. Versione dal tedesco di Carlo Delaiti i. r. Prof. ginn. di Rovereto. Rovereto. Tip. Roveretana 1884.
6. Avifauna tridentina di Agostino Bonomi i. r. Professore ginn. in Rovereto. (Estratto per cura del Museo civico di Rovereto dal Programma dell' i. r. Ginnasio sup. dello Stato in Rovereto. Anno scol. 1883-84). Rovereto, Tipografia Roveretana 1884.
7. Elenco sistematico degli Imeno, Disco-, Gastero-Mixomiceti e Tuberacei finora trovati nella Valle Lagarina dal Dottore Ruggero de' Cobelli. Rovereto. Tip. Roveretana 1885.
8. Elenco sistematico dei Coleotteri finora raccolti nella Valle Lagarina per Bernardino Halbherr. Fascicolo I Cicindelidae-Carabidae. Rovereto. Tip. Roveretana (Ditta V. Sottochiesa) 1885.
9. Le Marmitte dei Giganti della Valle Lagarina finora conosciute. Note illustrative del Prof. Giovanni de' Cobelli (con una tavola). Rovereto. Tip. Roveretana (Ditta V. Sottochiesa) 1886.
10. Gli Ortotteri genuini del Trentino per il Dottore Ruggero de' Cobelli (con una tavola). Rovereto. Tip. Rover. (Ditta V. Sottochiesa) 1886.

11. Elenco sistematico dei Coleotteri finora raccolti nella Valle Lagarina per Bernardino Halbherr. Fascicolo II Halipidae-Dyticidae-Gyrinidae-Hydrophilidae-Sphaeridiidae-Limnichidae-Dryopidae-Georyssidae - Heteroceridae. Rovereto Tip. Roveretana. (Ditta V. Sottochiesa) 1887.
12. Gli Imenotteri del Trentino. Notizie preliminari del Dottore Ruggero de' Cobelli. Fascicolo I. Formicidae. Rovereto. Tipografia Roveretana (Ditta V. Sottochiesa) 1887.
13. Elenco sistematico dei Coleotteri finora raccolti nella Valle Lagarina per Bernardino Halbherr, Fascicolo III Staphylinidae. Rovereto. Tipografia Roveretana (Ditta V. Sottochiesa) 1888.
14. Note biologiche sugli apidi Chalicodoma muraria L. Chalicodoma Lefebvrei Gerst. Osmia cornuta Latr. e Xylocopa violacea Poda. per il D.r Ruggero Cobelli. Rovereto. Tipografia Roveretana (Ditta V. Sottochiesa) 1888.

Printed by Libri Plureos GmbH in Hamburg, Germany